Contraste insuffisant
NF Z 43-120-14

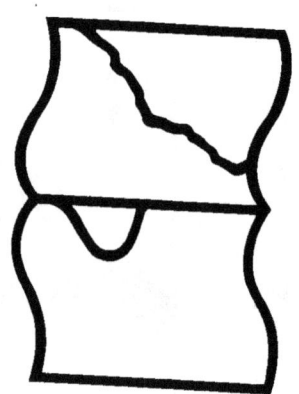

TRAITÉ

DE

FORTIFICATION POLYGONALE,

PAR

A. BRIALMONT,
COLONEL D'ÉTAT-MAJOR.

Atlas.

BRUXELLES,
C. MUQUARDT,
HENRY MERZBACH, SUCCESSEUR,
éditeur.
MÊME MAISON A GAND ET A LEIPZIG.

ST-PÉTERSBOURG, | **BERLIN,**
JACQUES ISSAKOFF. | LIBRAIRIE MITTLER.

1869

TRAITÉ

DE

FORTIFICATION POLYGONALE,

PAR

A. BRIALMONT,

COLONEL D'ÉTAT-MAJOR.

Atlas.

BRUXELLES,
C. MUQUARDT,
HENRY MERZBACH, SUCCESSEUR,
éditeur.
MÊME MAISON A GAND ET A LEIPZIG.

| **ST-PÉTERSBOURG,** | **BERLIN,** |
| JACQUES ISSAKOFF. | LIBRAIRIE MITTLER. |

1869

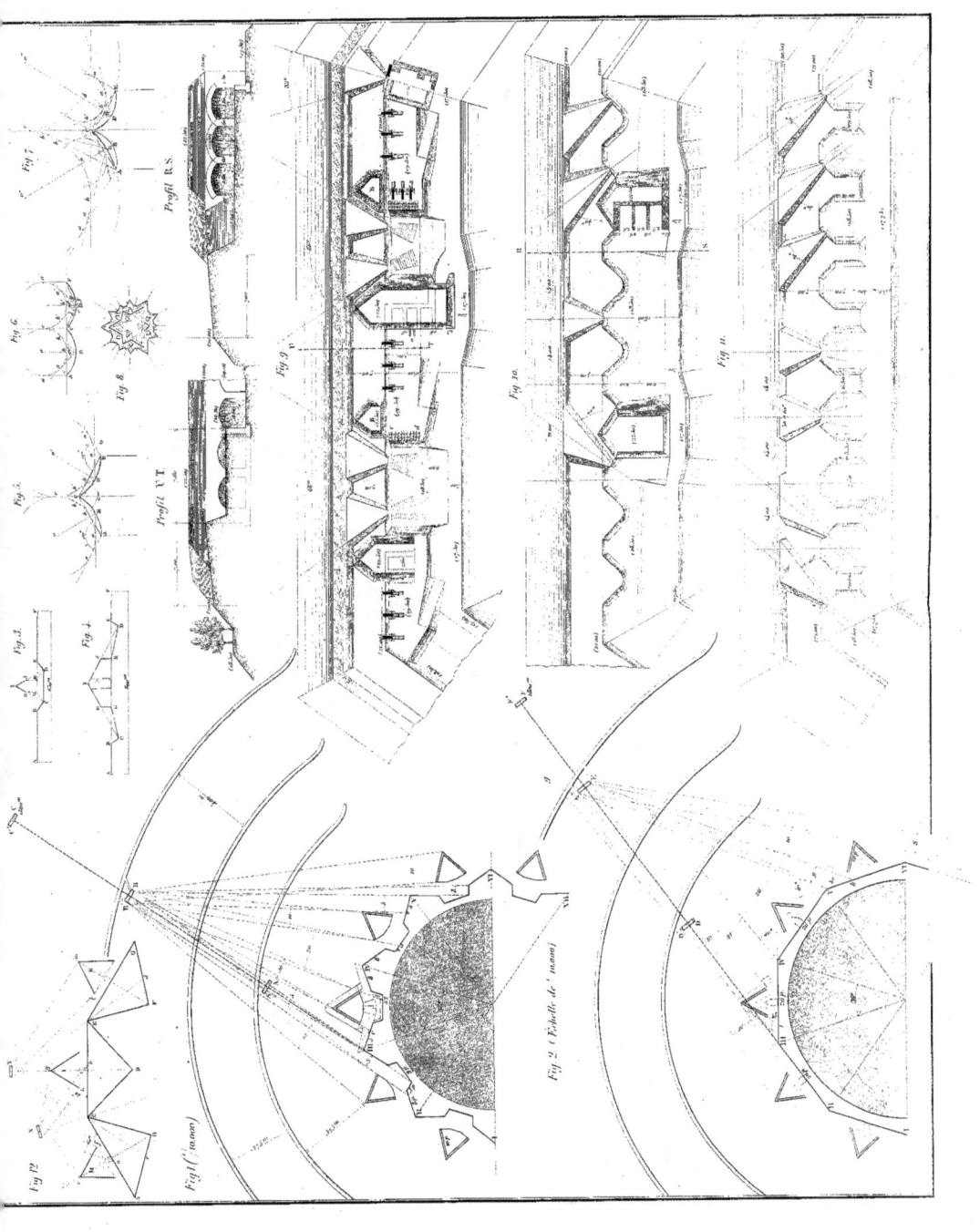

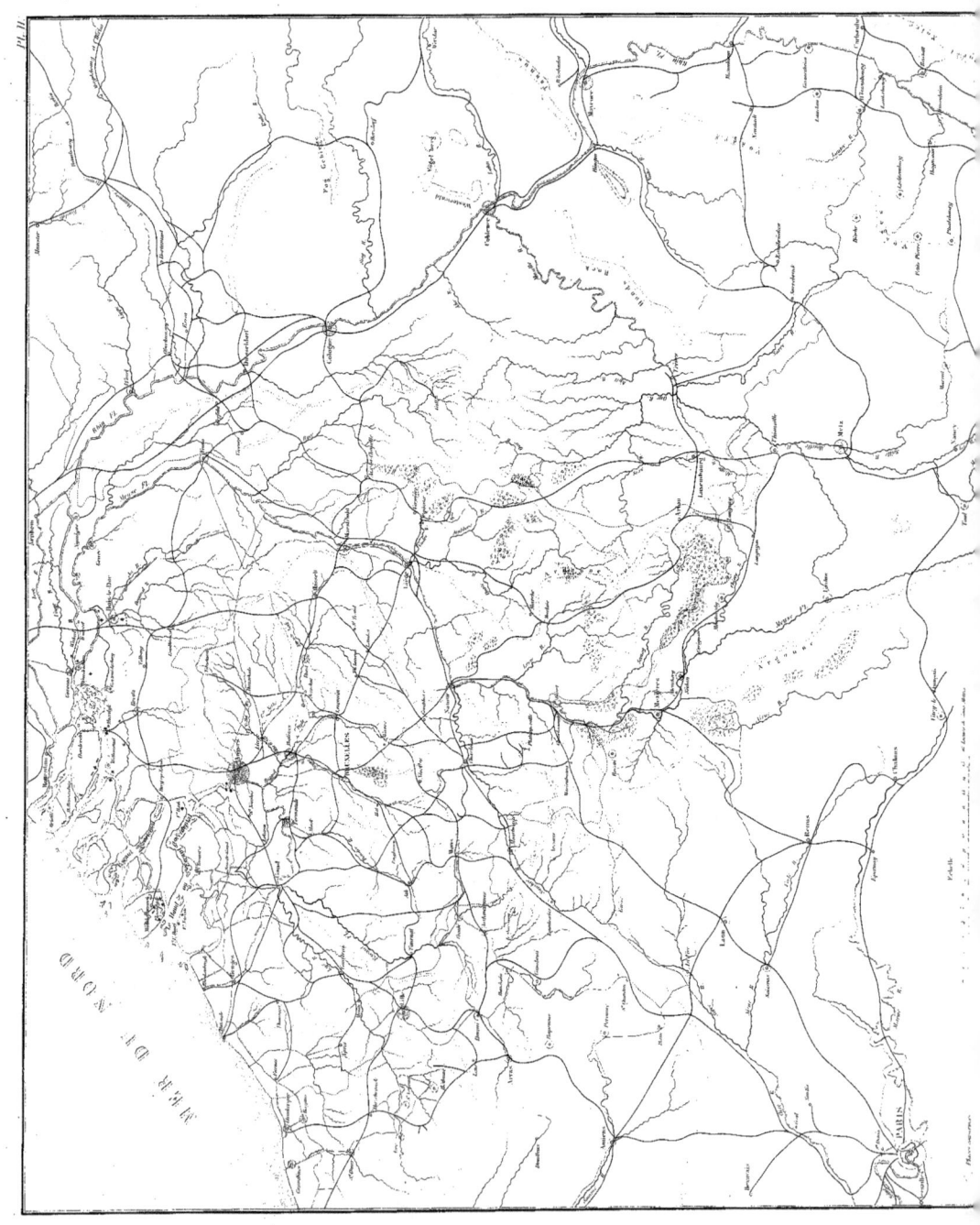

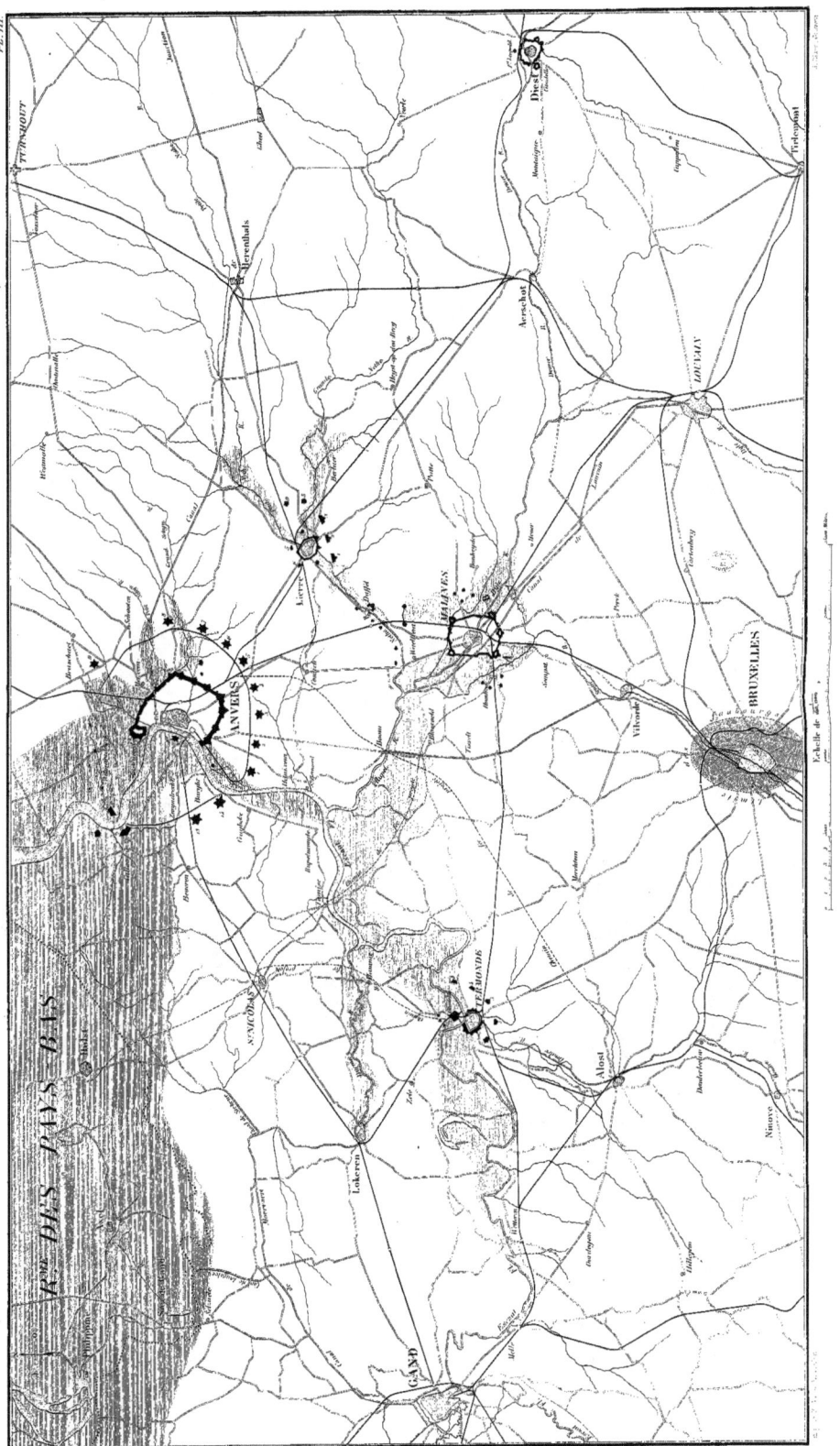

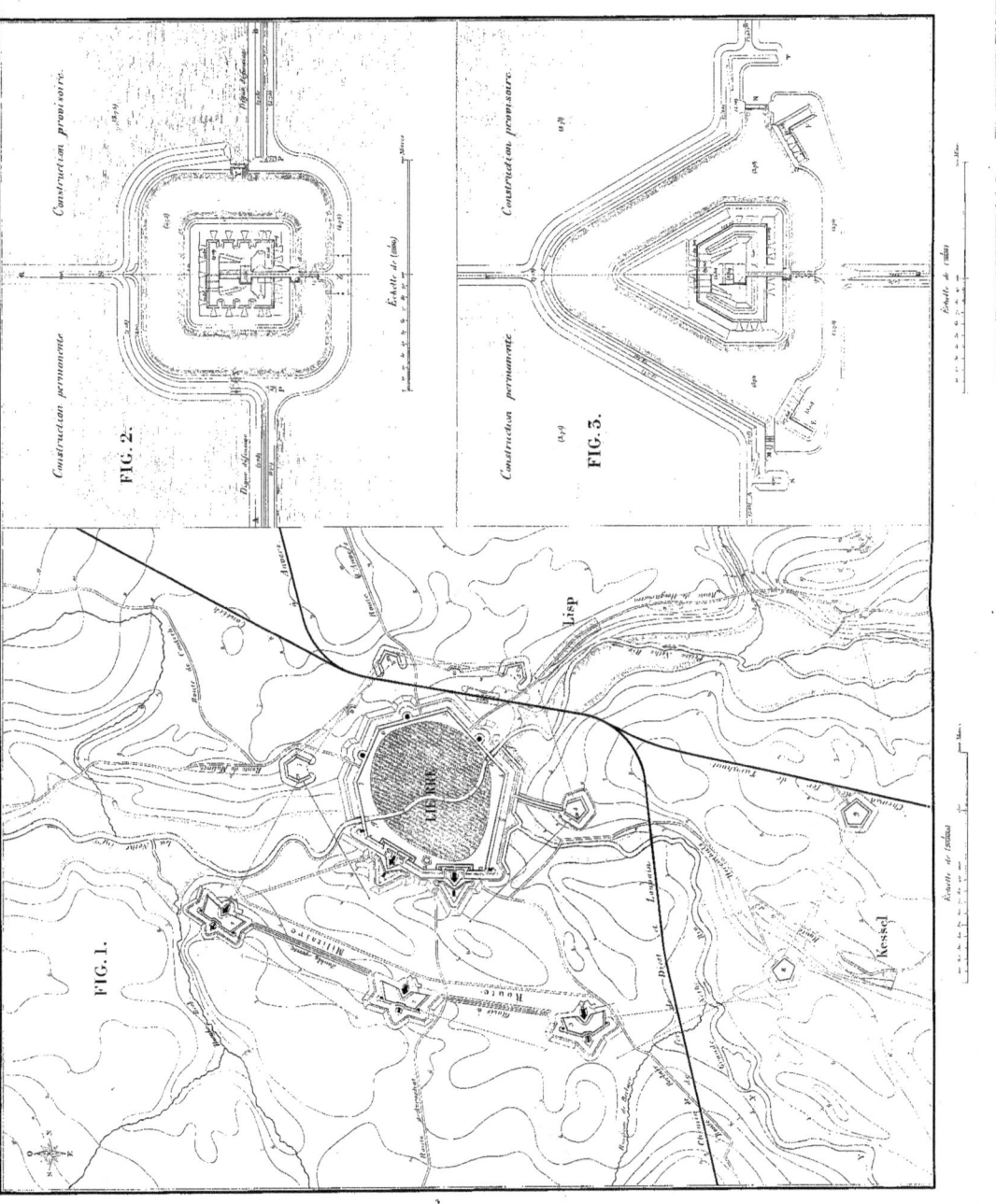

FIG. 1.

FIG. 2. Construction provisoire.

FIG. 3. Construction permanente.

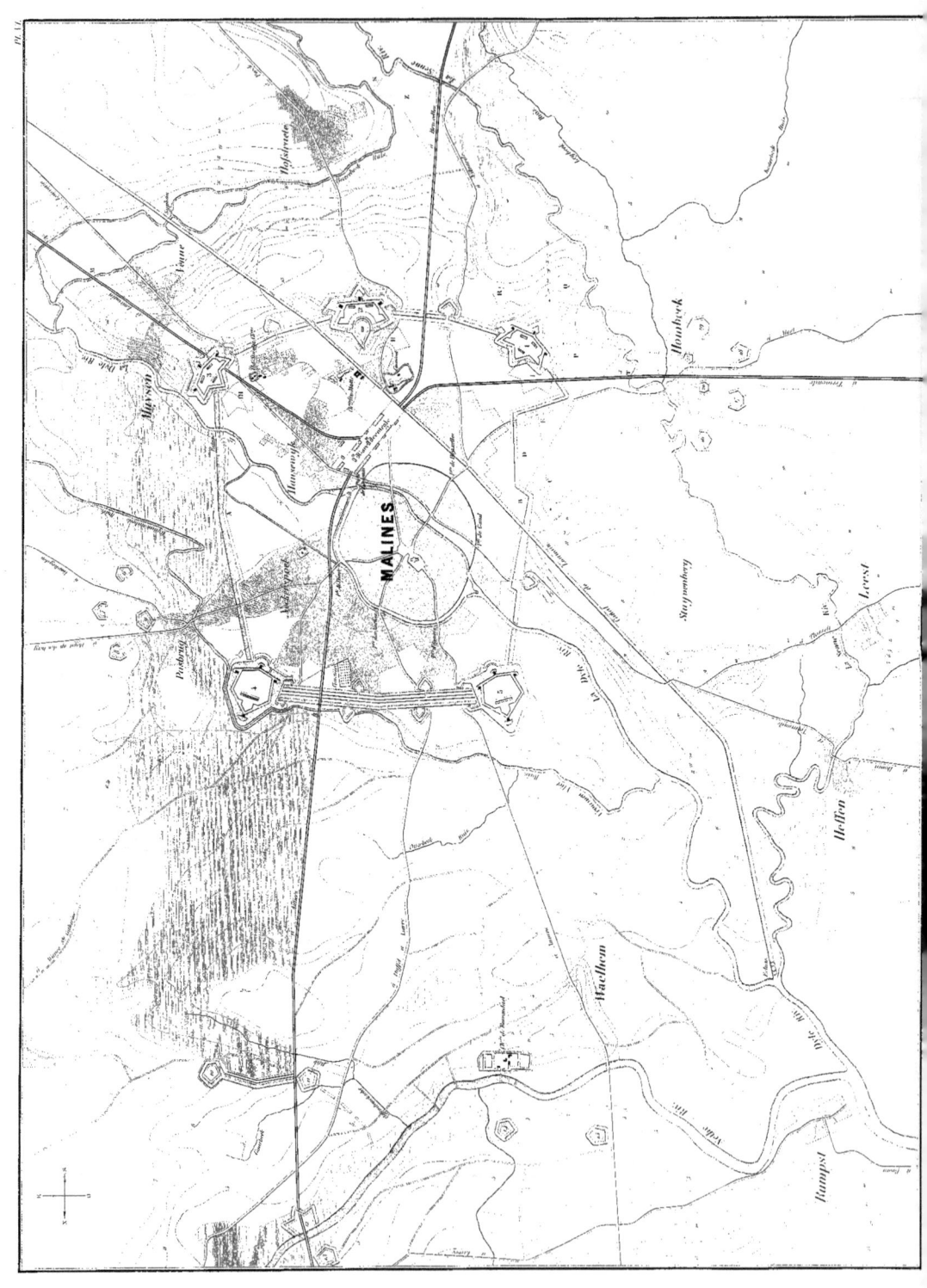

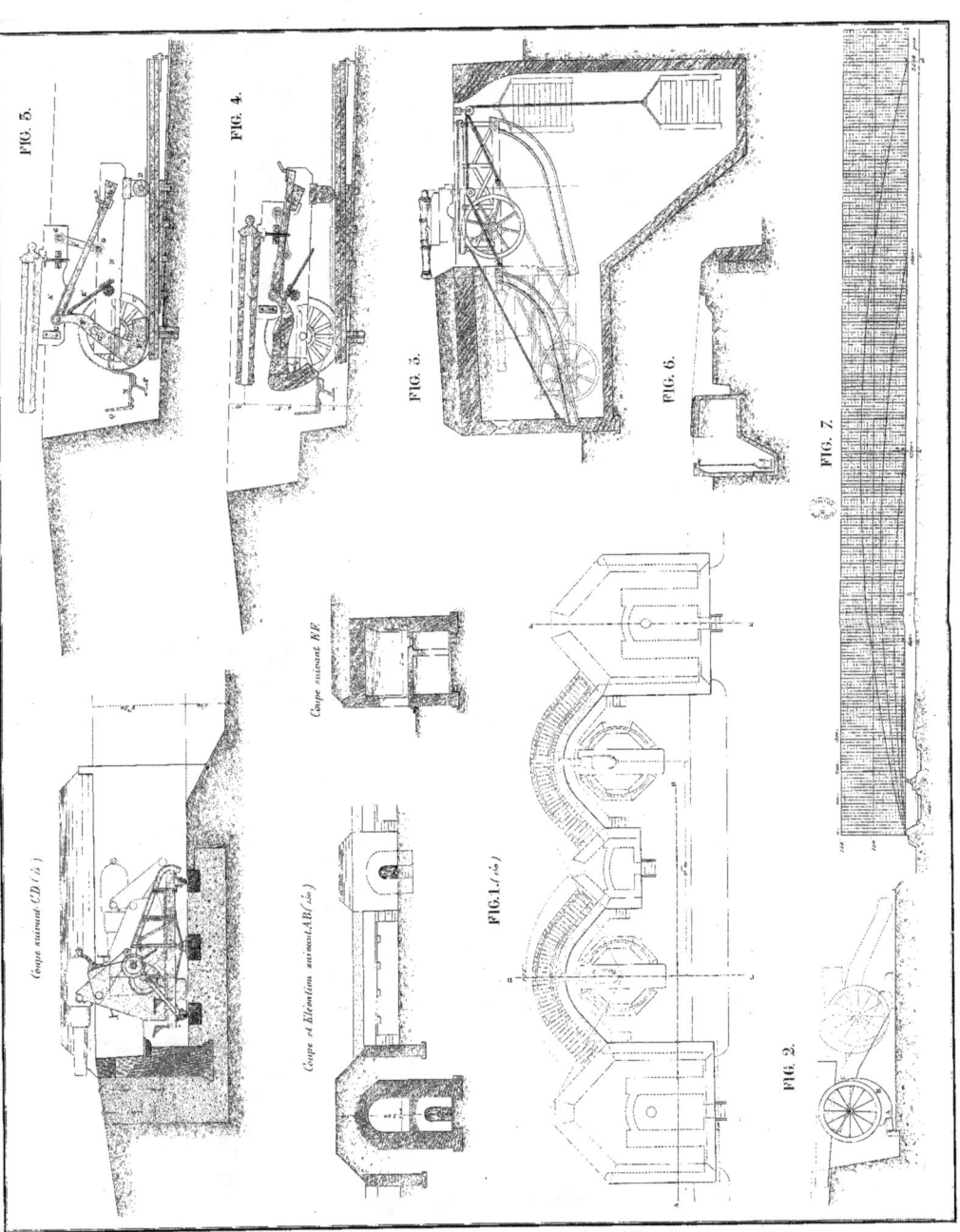

Pl. VIII

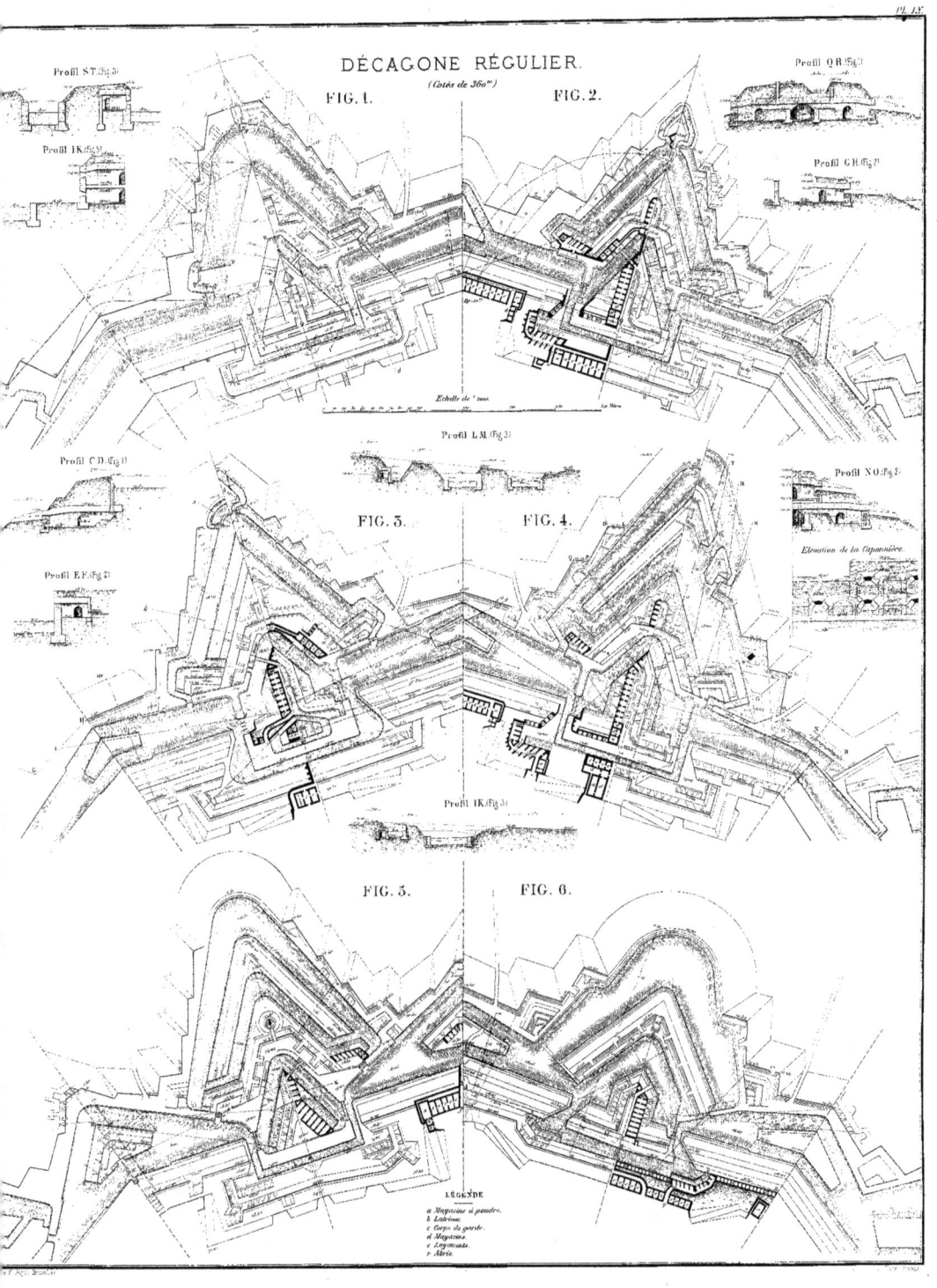

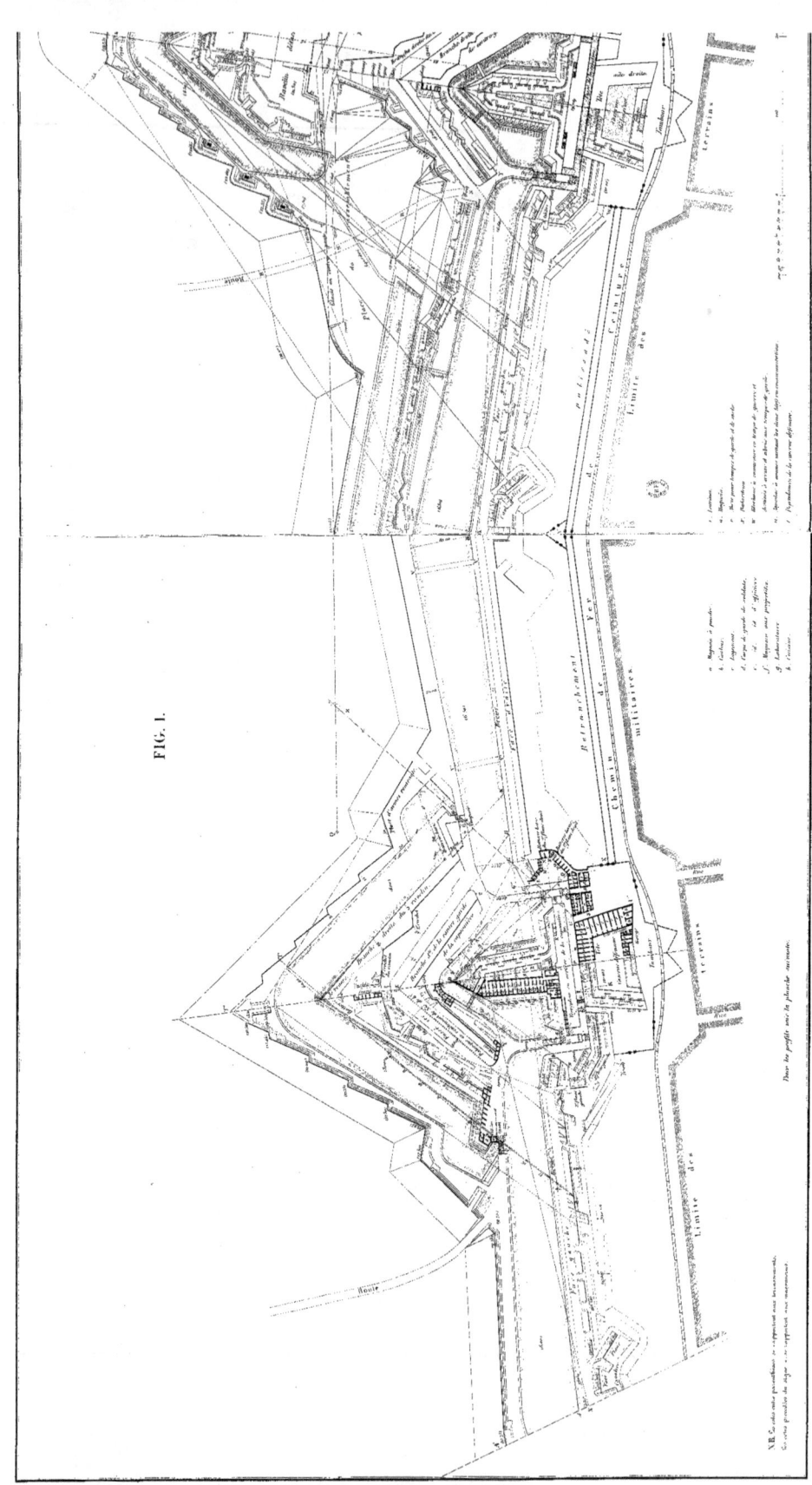

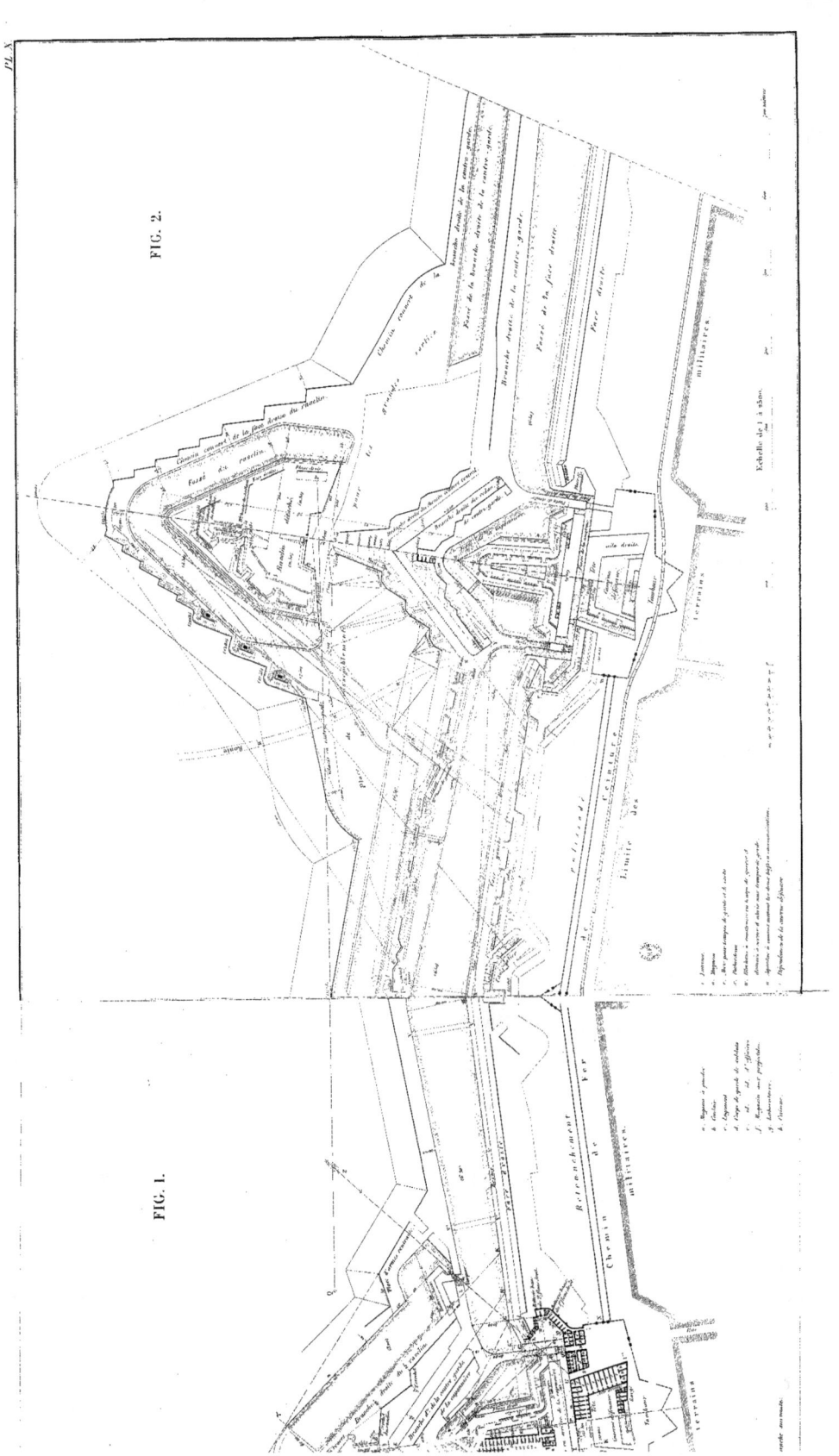

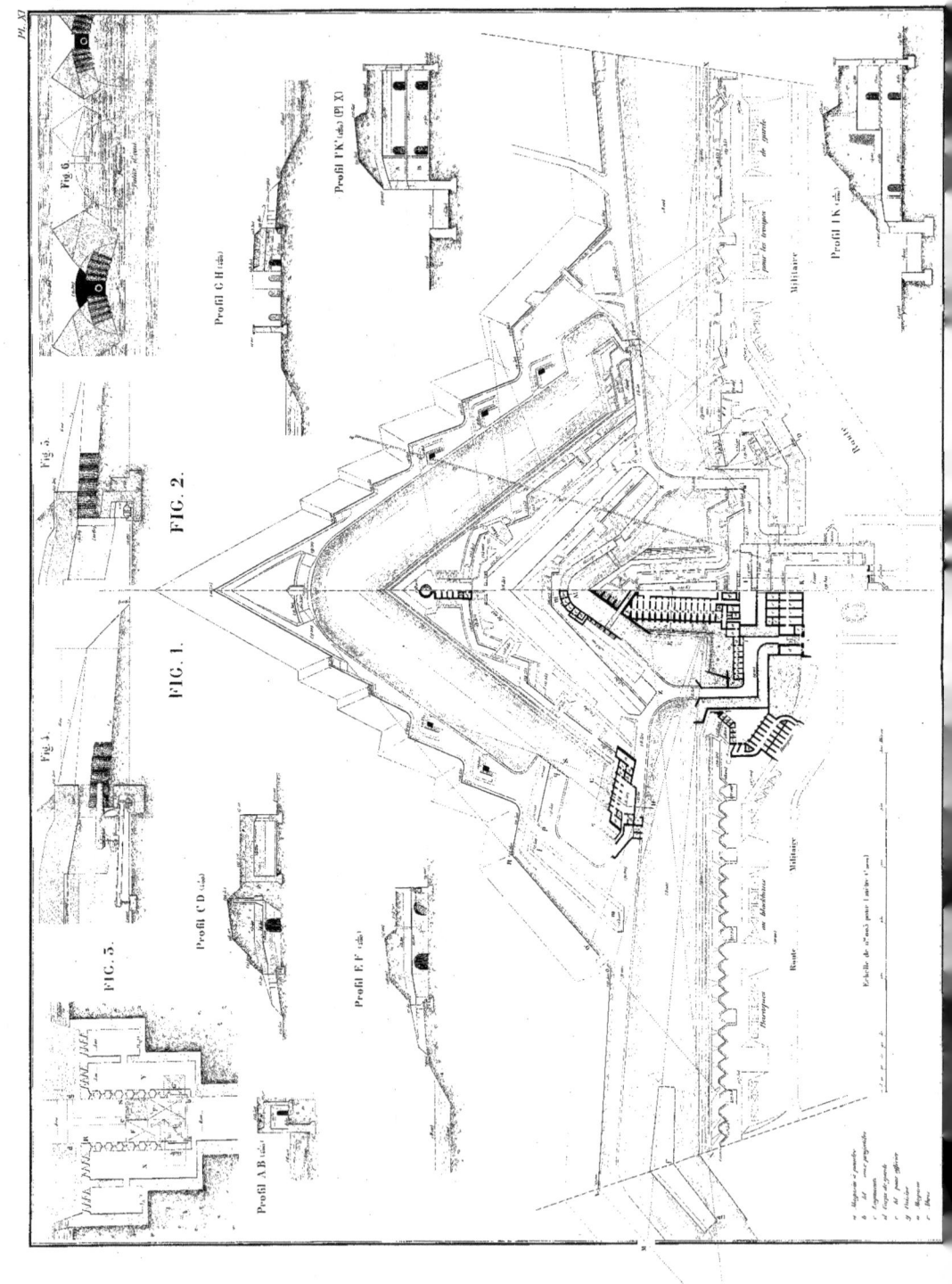

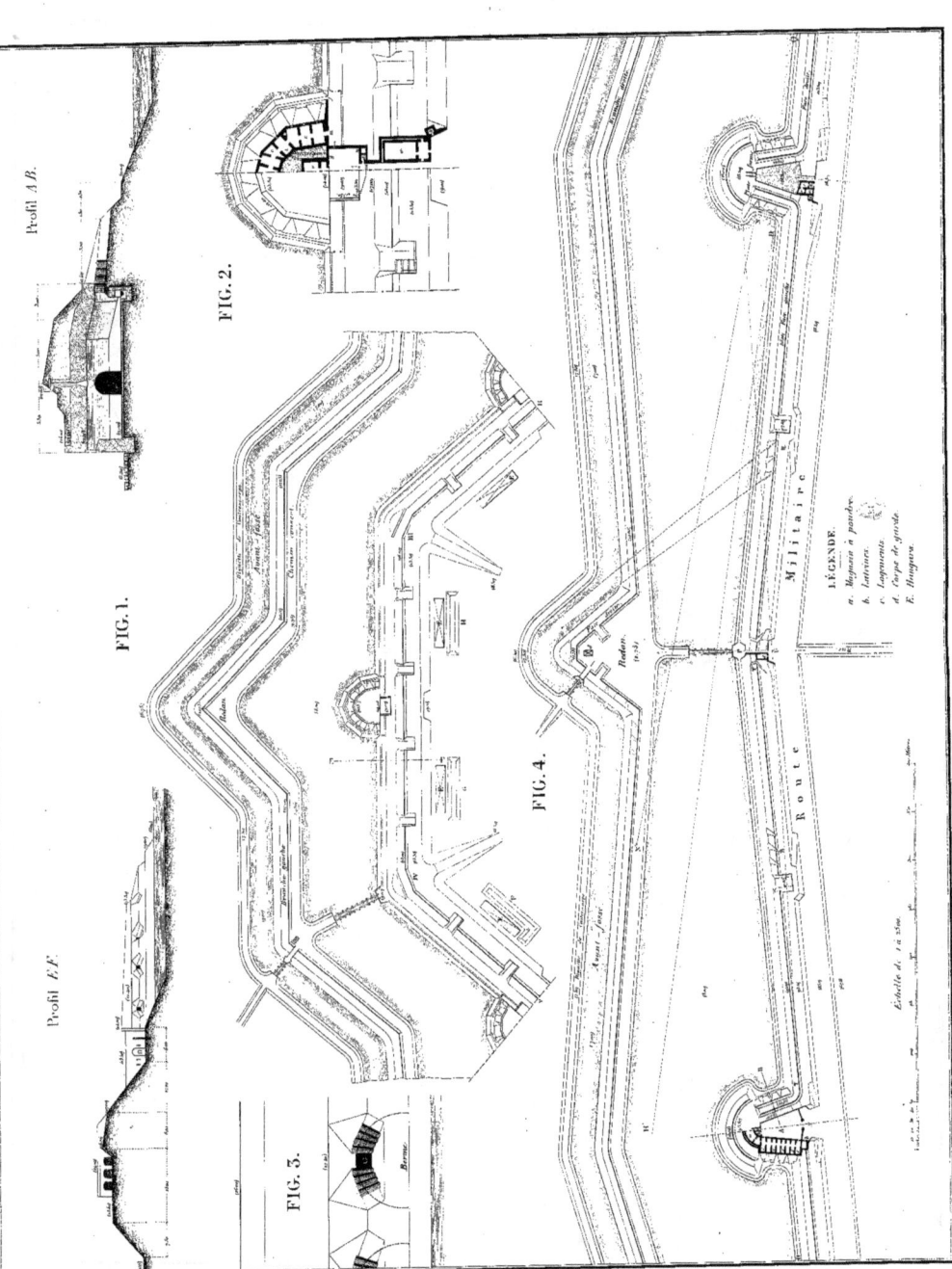

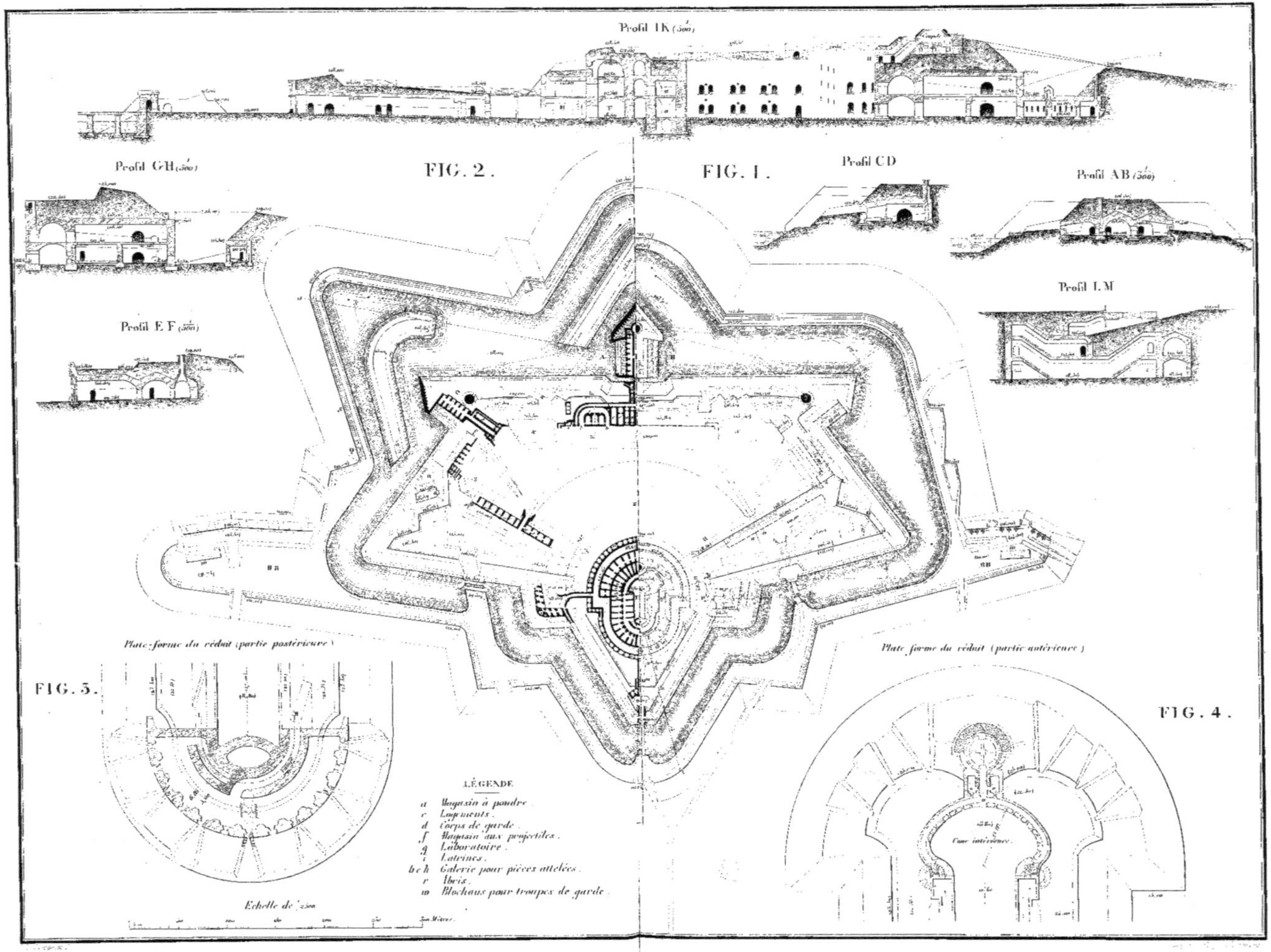
Profil IK ($\frac{1}{500}$)
Profil GH ($\frac{1}{500}$)
FIG. 2.
FIG. 1.
Profil CD
Profil AB ($\frac{1}{500}$)
Profil LM
Profil EF ($\frac{1}{500}$)
Plate-forme du réduit (partie postérieure)
FIG. 3.
Plate-forme du réduit (partie antérieure)
FIG. 4.
LÉGENDE
a Magasin à poudre.
c Logements.
d Corps de garde.
f Magasin aux projectiles.
g Laboratoire.
i Latrines.
b e h Galerie pour pièces attelées.
r Abris.
m Blochaus pour troupes de garde.
Cour intérieure.
Echelle de $\frac{1}{2500}$
Mètres.

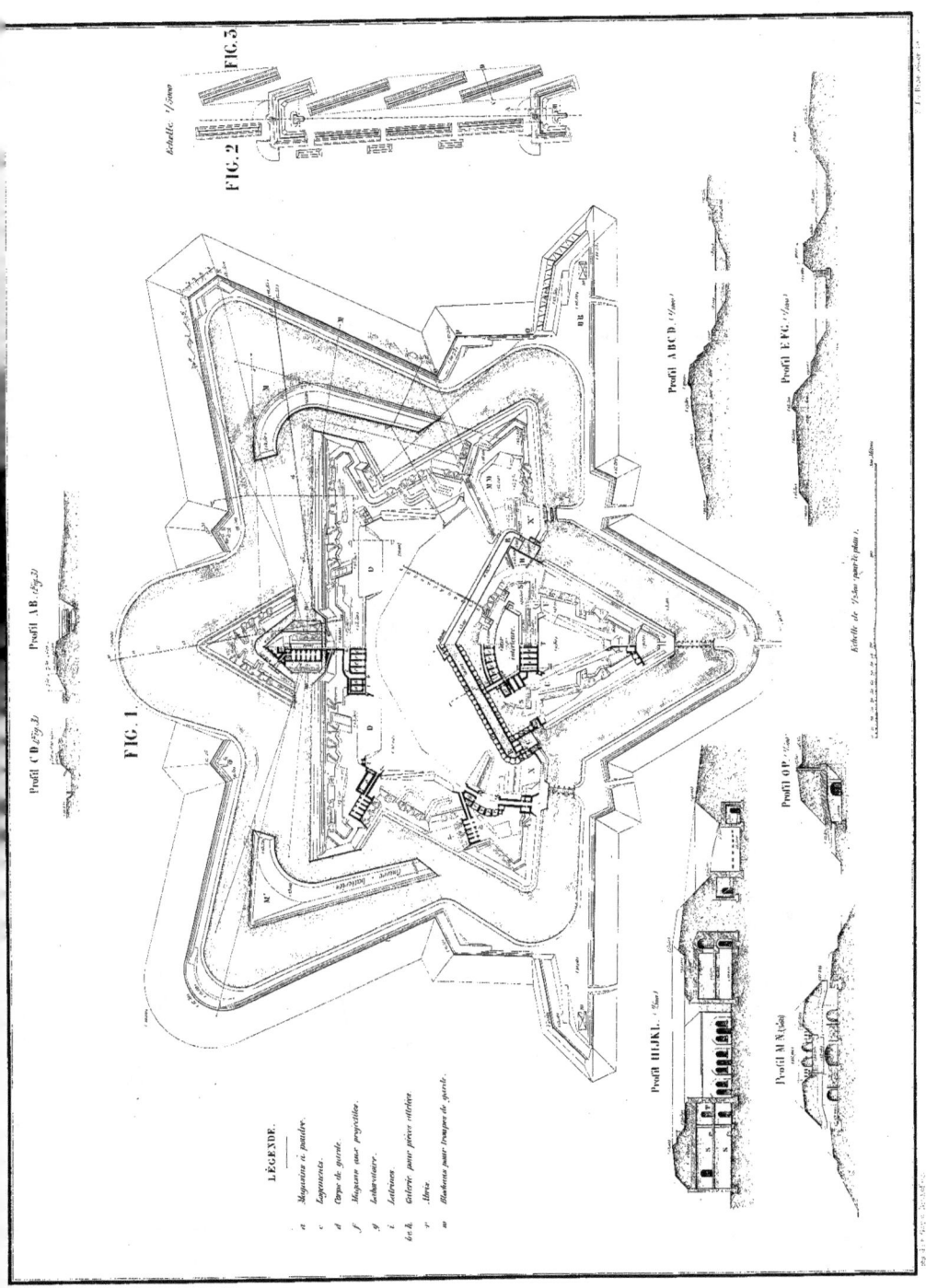

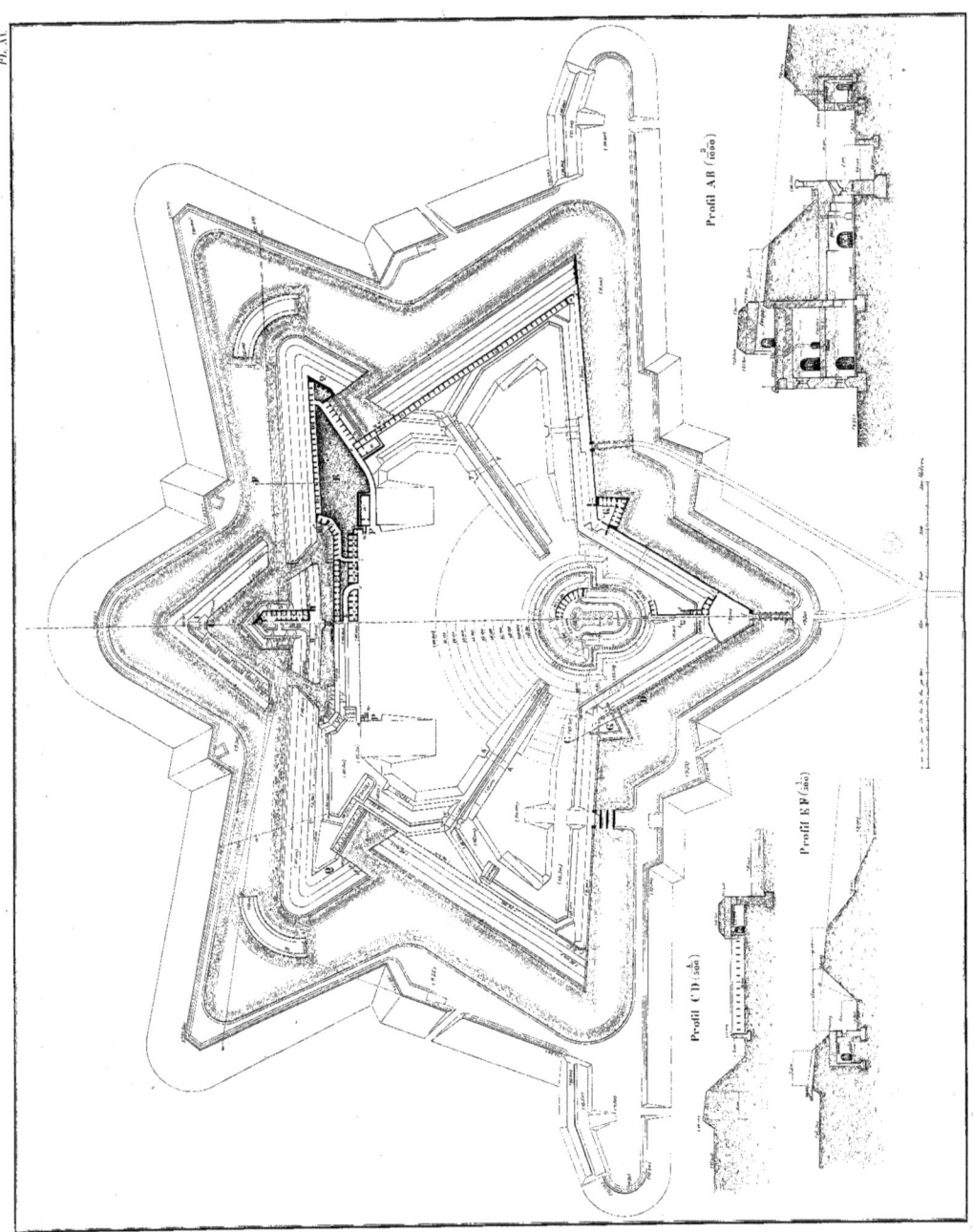

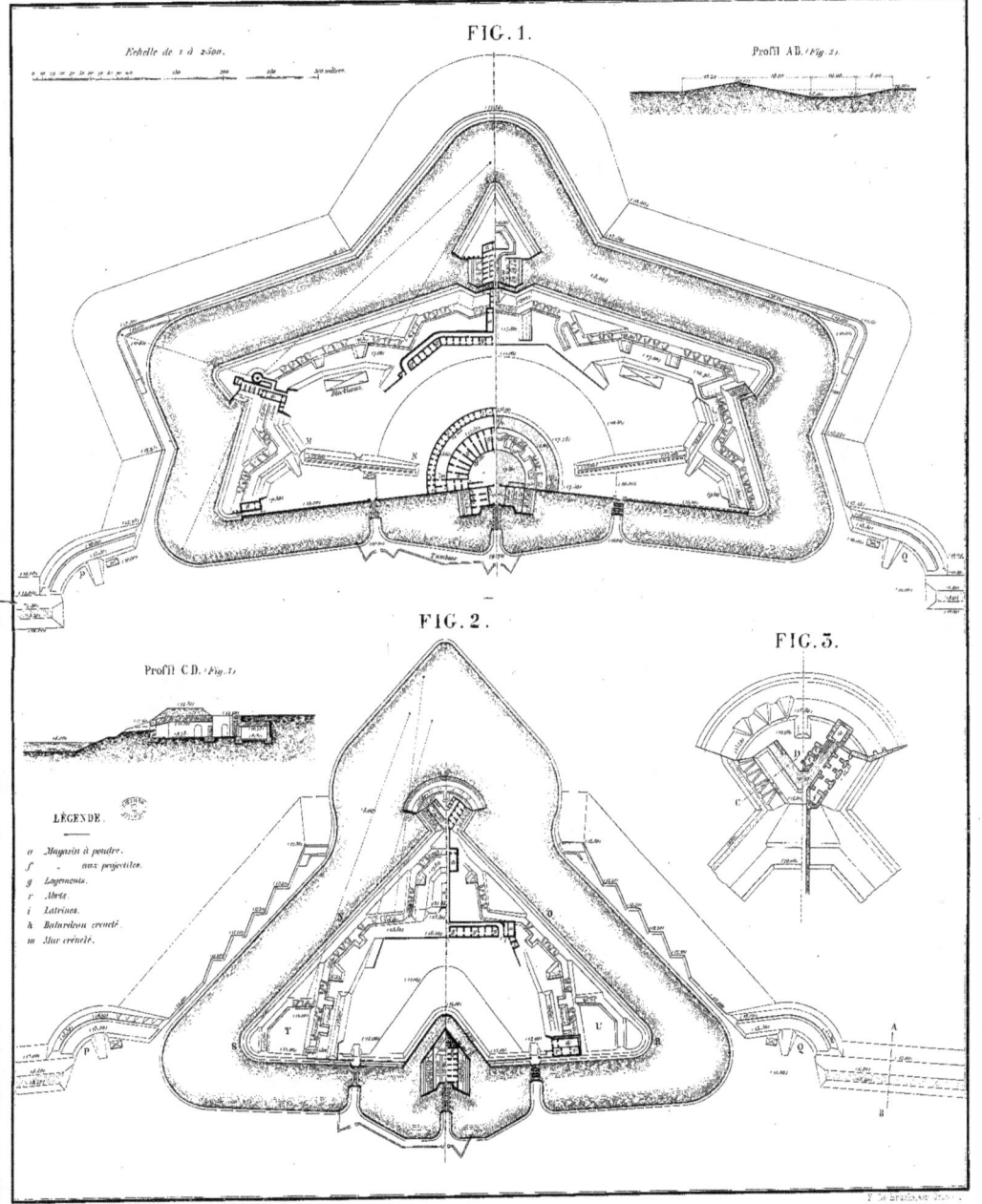

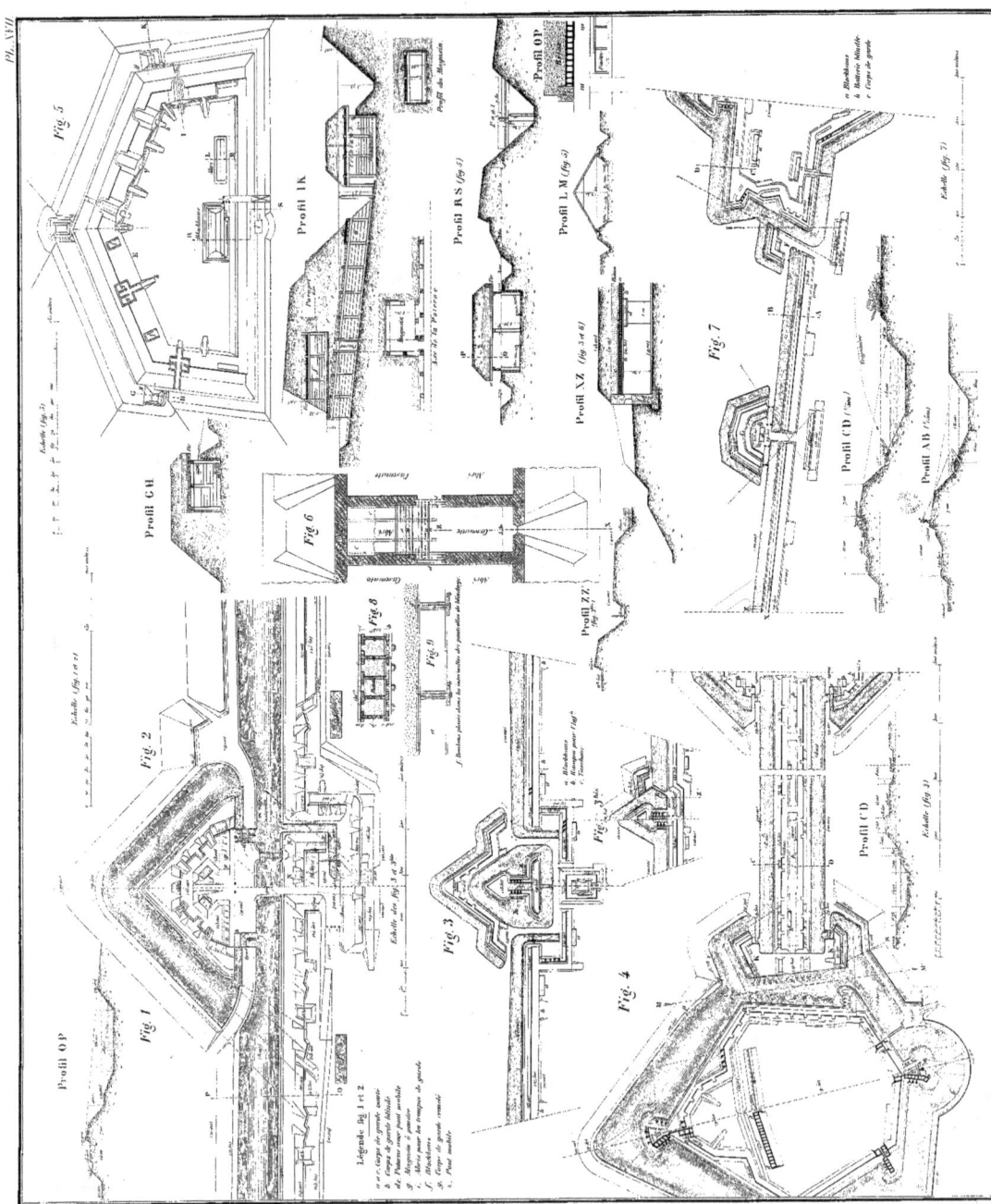

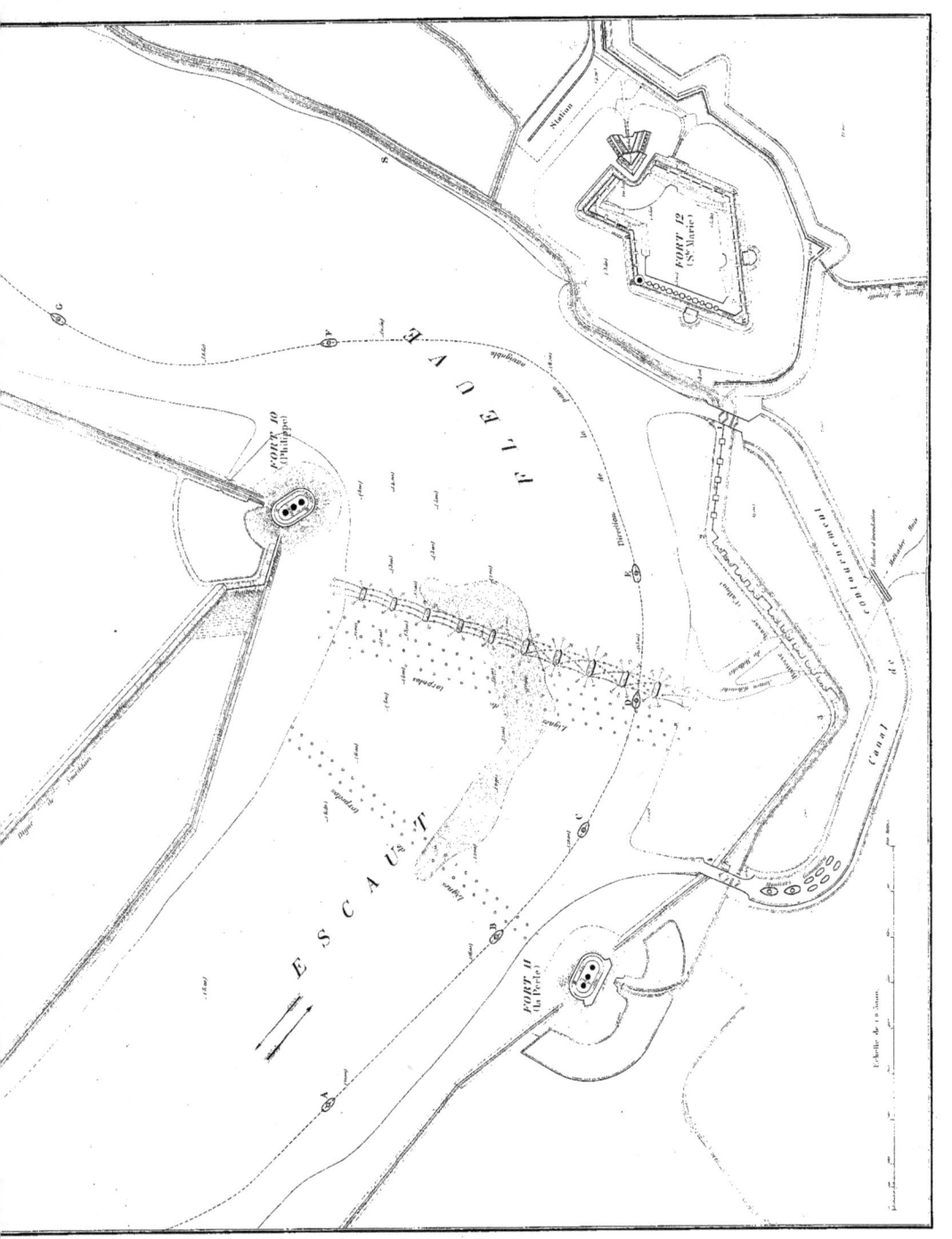

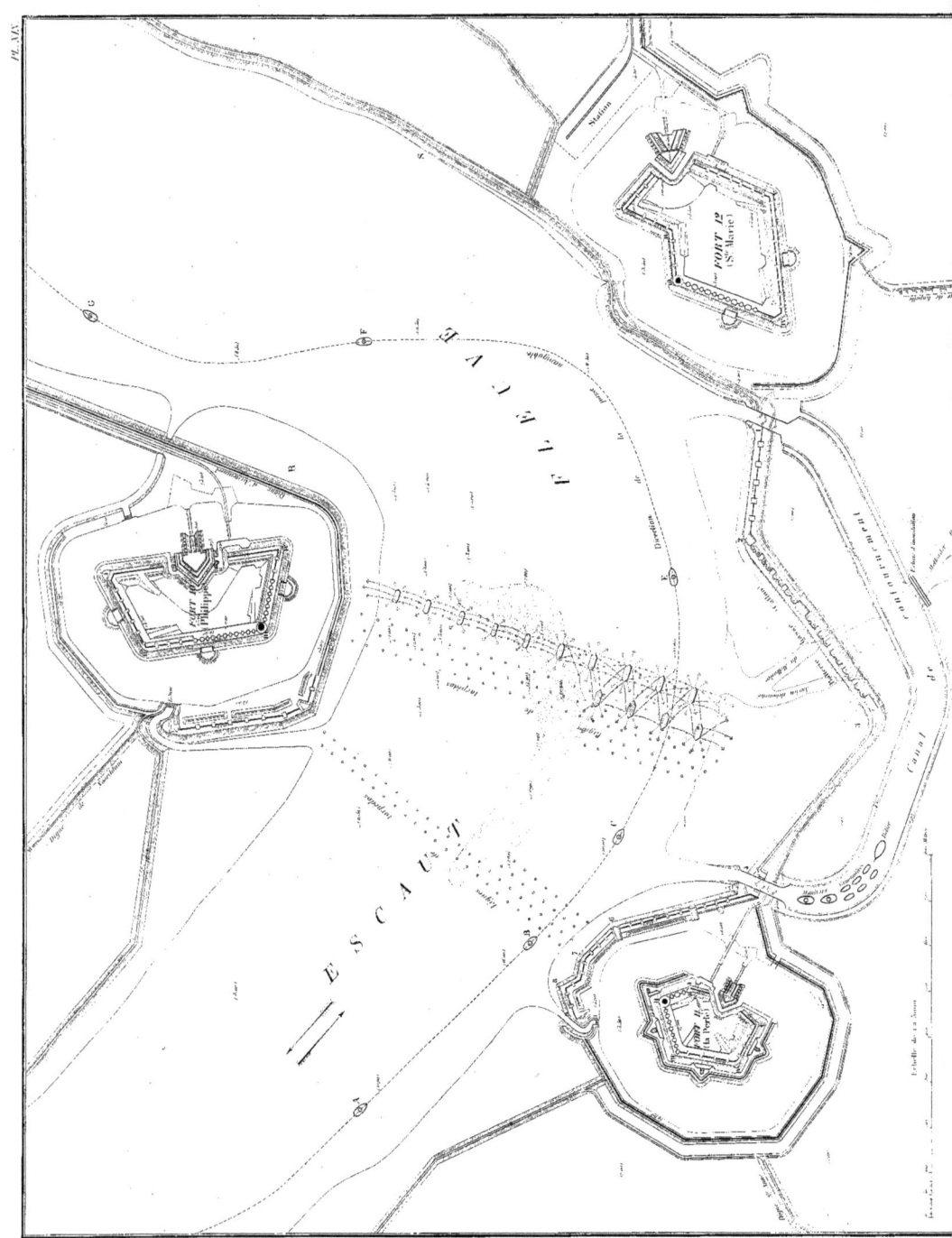

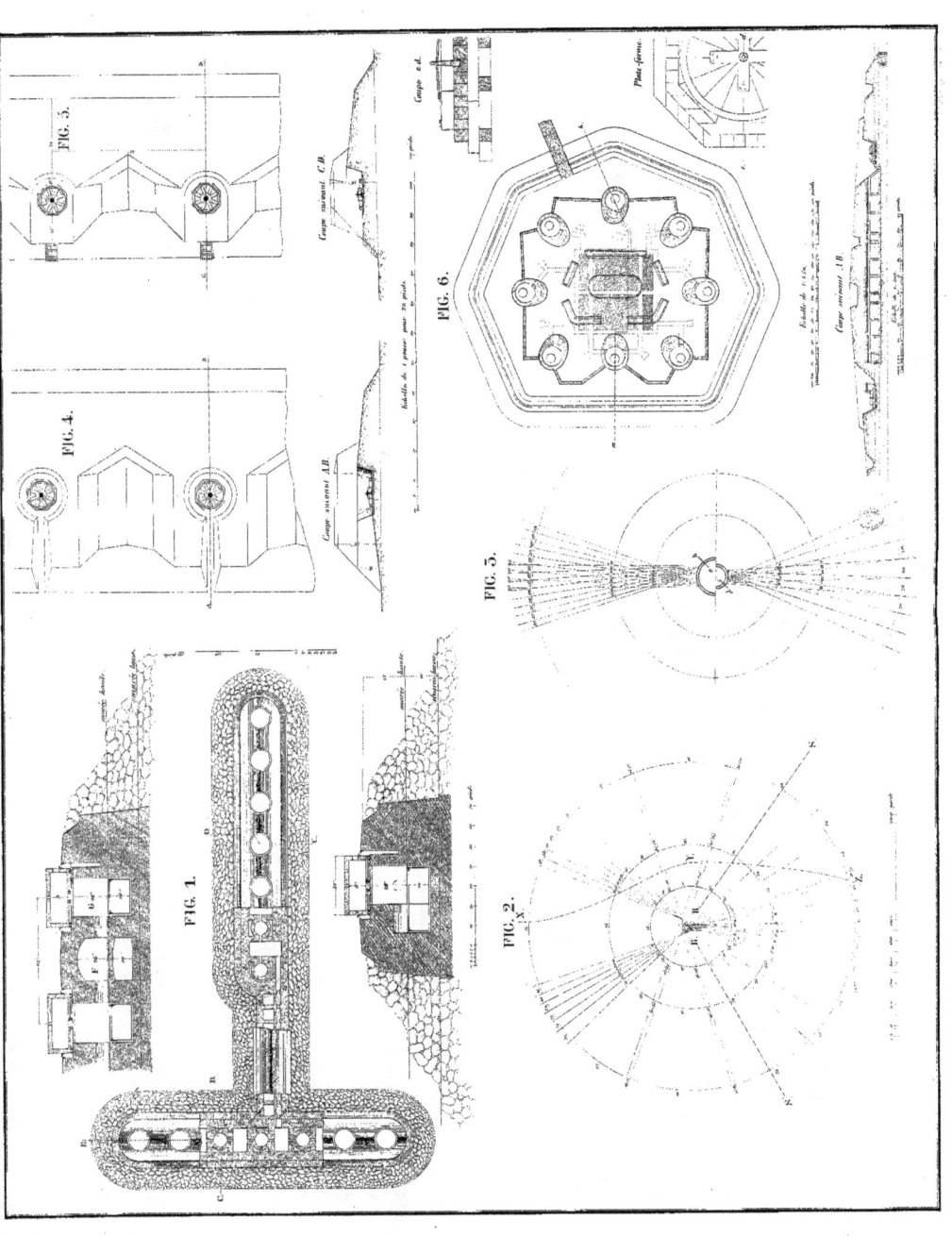

PL. XXI.

FIG. 1.
FIG. 2. (b)
FIG. 3. (b)
FIG. 3. (bis)
FIG. 4. (b)
FIG. 5.
FIG. 6.
FIG. 7. (bis)
FIG. 9.
FIG. 10.
FIG. 11.
FIG. 12.
FIG. 13.

Profil AB.
Coupe suivant CD (fig. 11)
Profil RS (fig. 11)
Coupe AB (fig. 11)
Coupe CD.

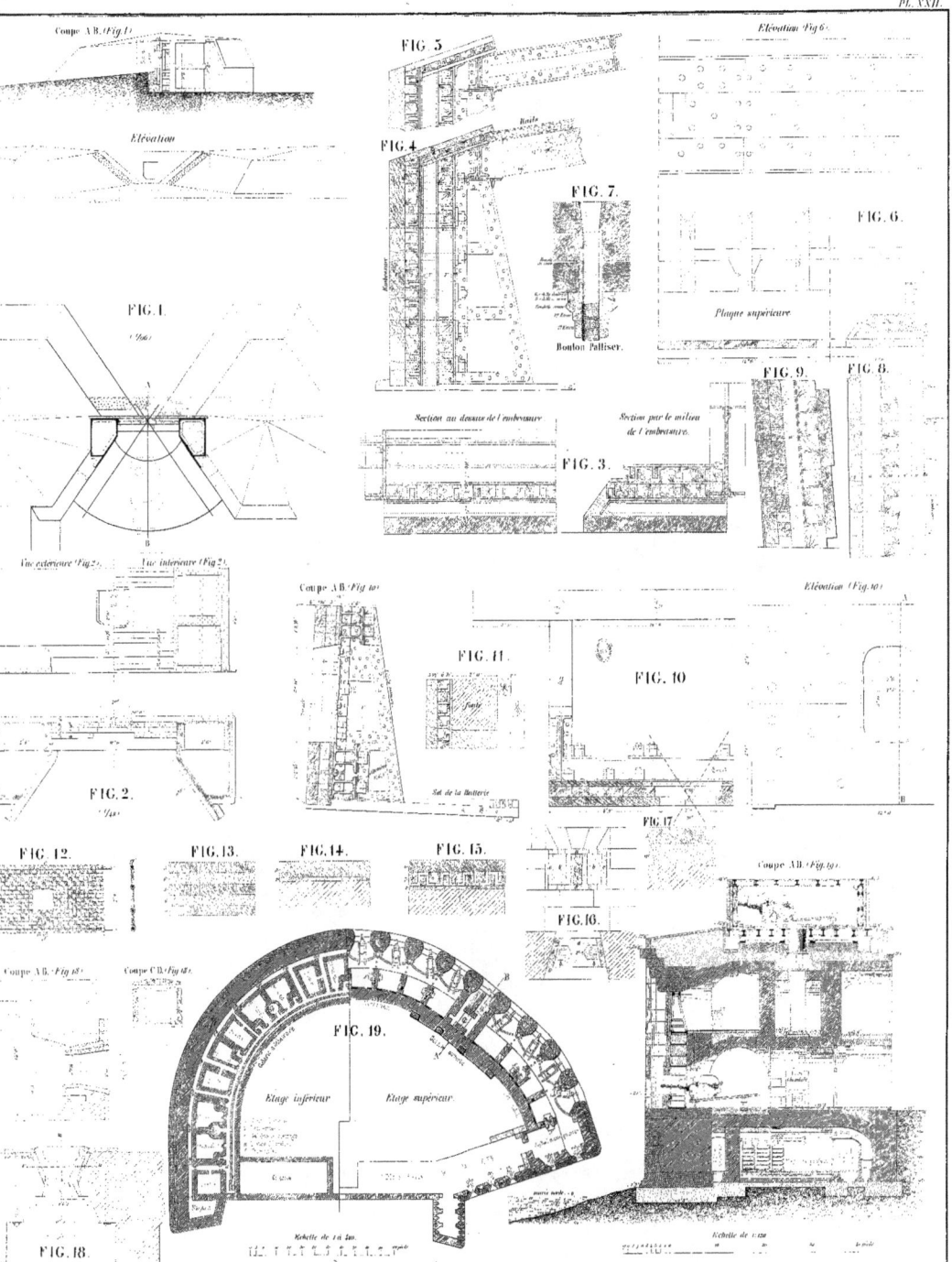

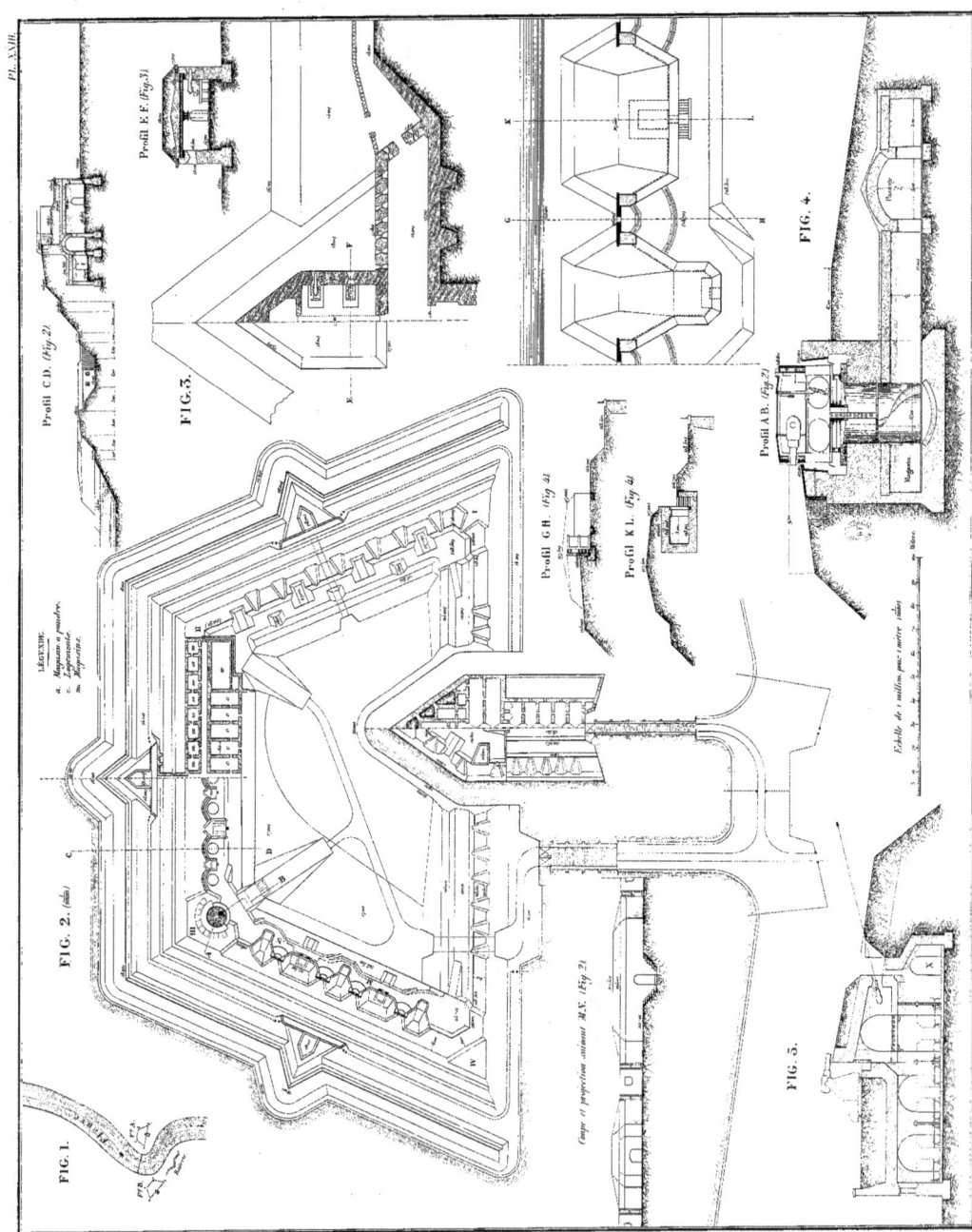

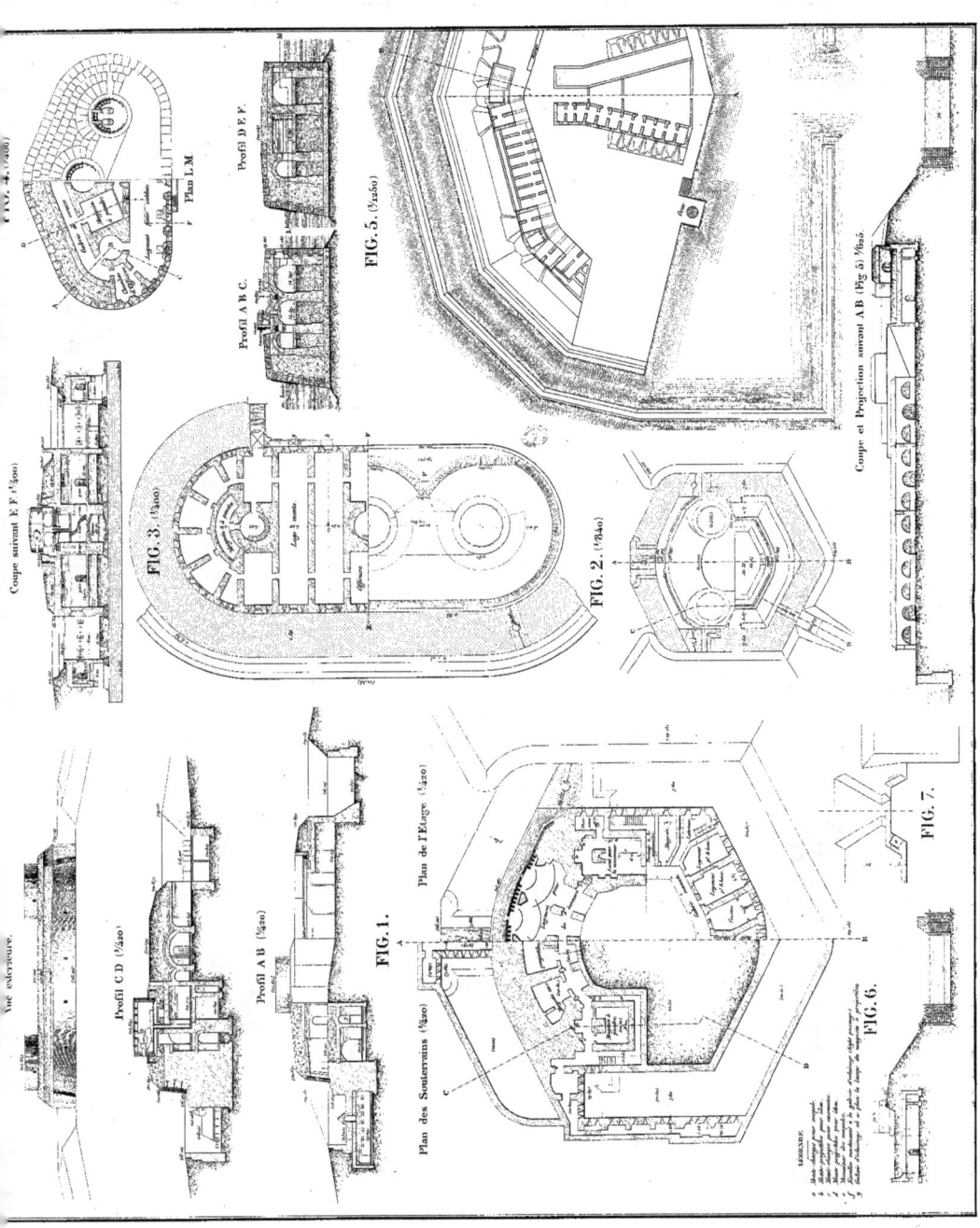

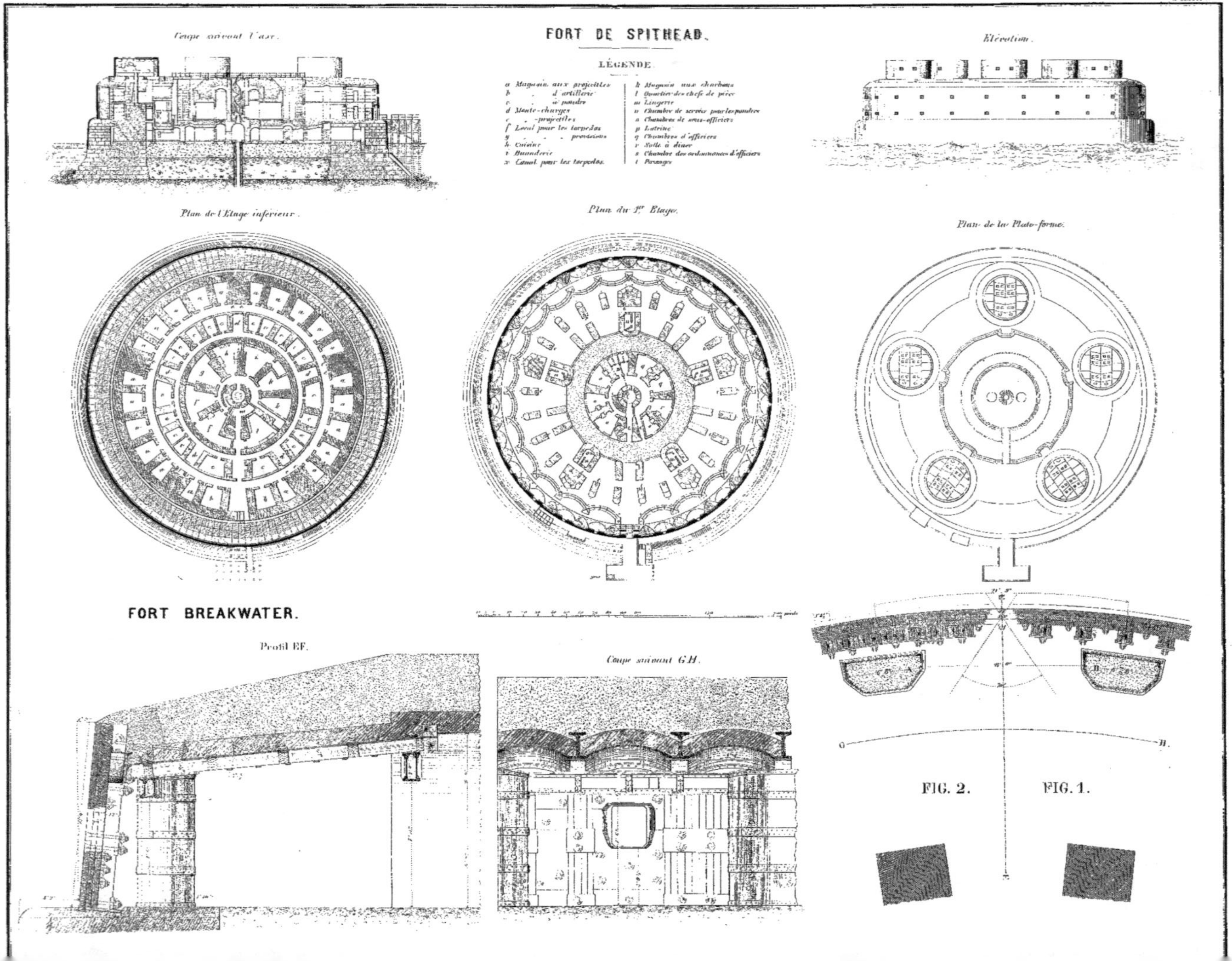

FORT DE SPITHEAD.

LÉGENDE

a Magasin aux projectiles
b " d'artillerie
c Monte-charge
d " à poudre
e Logette
f Lavoir pour les torpilles
g Cuisine
h Buanderie
i Canal pour les torpilles
k Chambre des chefs de pièce
l Chambres de service pour les poudres
m Chambres de sous-officiers
n Latrines
o Chambres d'officiers
p Salle à manger
q Chambre des médecins et d'officiers
r Passage

Élévation.

Plan de la Plate-forme.

Plan du 1ᵉʳ Étage.

Plan de l'Étage inférieur.

Coupe suivant l'axe.

FIG. 1.

FIG. 2.

FORT BREAKWATER.

Coupe suivant G H.

Profil EF.

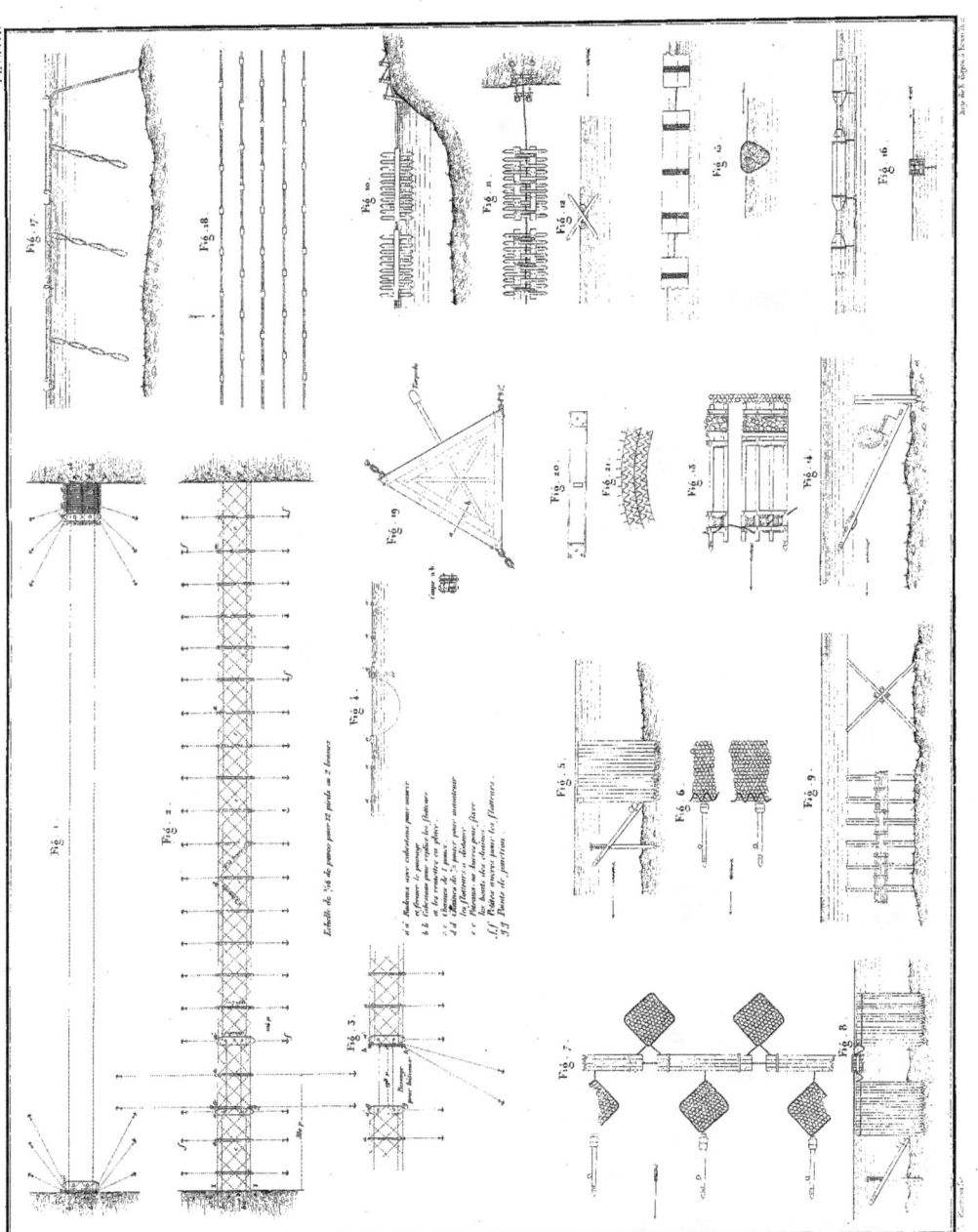

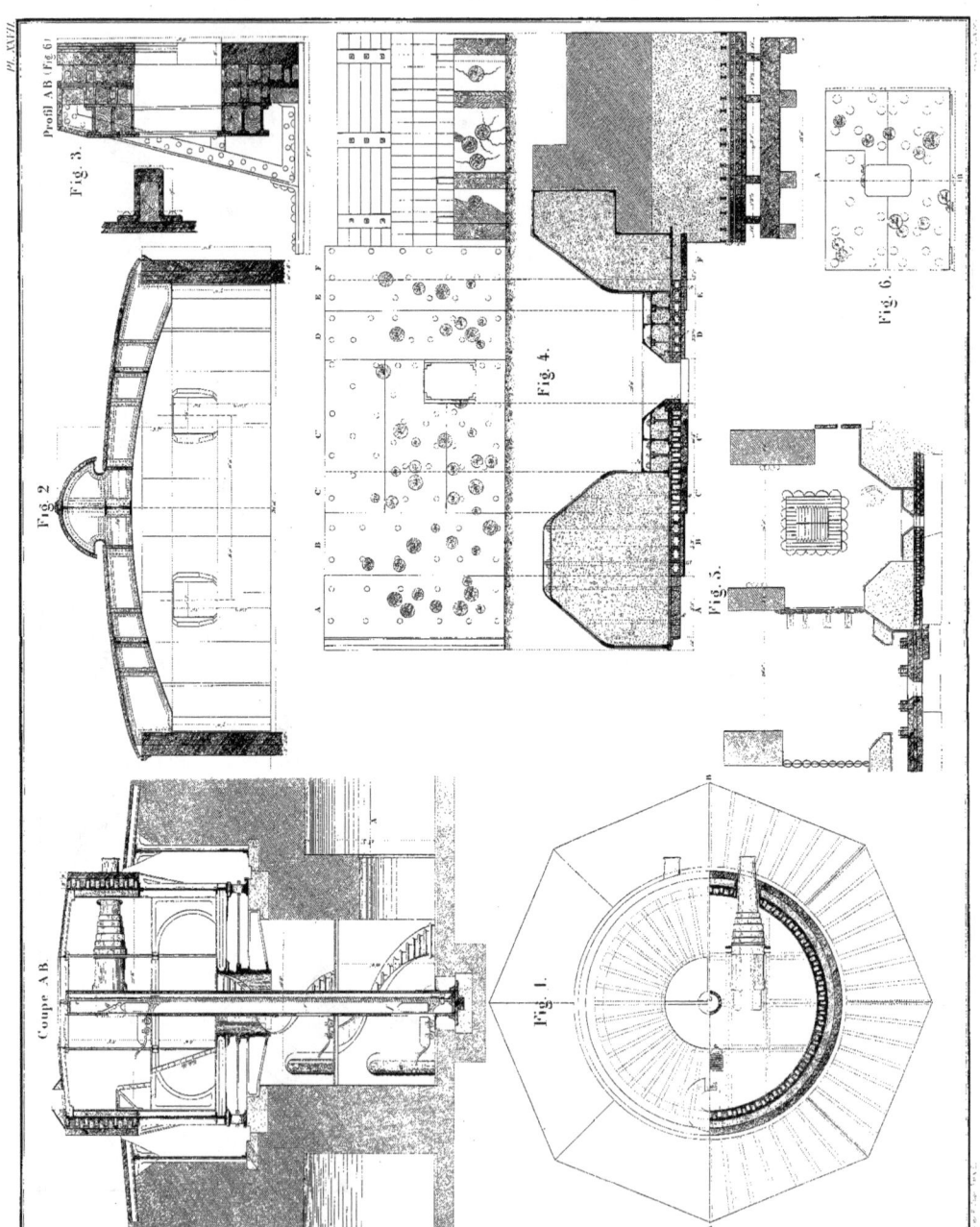

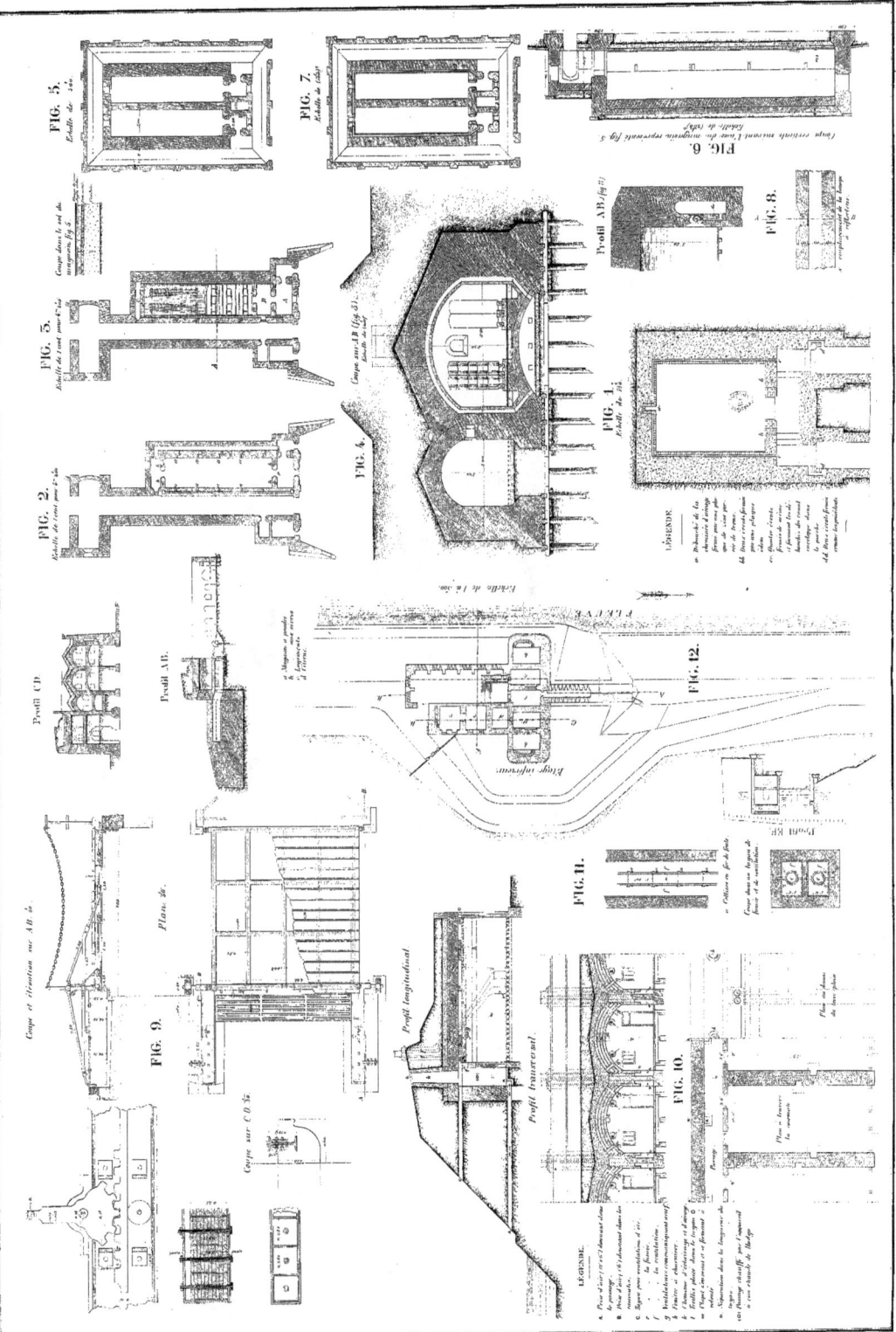

Contraste insuffisant
NF Z 43-120-14

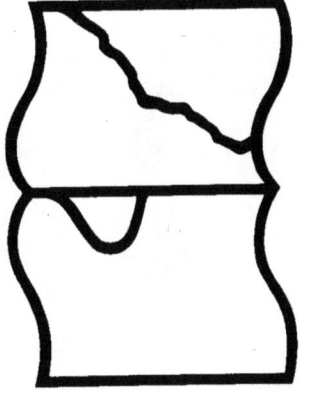

Texte détérioré — reliure défectueuse
NF Z 43-120-11